Karl Luckhardt

Juni und Julitage 1866 in Frankfurt am Main

Karl Luckhardt

Juni und Julitage 1866 in Frankfurt am Main

ISBN/EAN: 9783743309012

Hergestellt in Europa, USA, Kanada, Australien, Japan

Cover: Foto ©ninafisch / pixelio.de

Manufactured and distributed by brebook publishing software (www.brebook.com)

Karl Luckhardt

Juni und Julitage 1866 in Frankfurt am Main

Juni- und Julitage

1866

in

Frankfurt am Main.

Zweite Auflage.

※

Kassel.
Verlag von Karl Luckhardt.

1.

Es hatte den ganzen Tag über geregnet. Ich war nicht ausgegangen und saß, es mochte halb acht Uhr Abends sein, eine Pfeife rauchend, auf meinem Sopha. Da ertönte ein heftiges Klopfen, dem unmittelbar das Oeffnen der Stubenthüre folgte. Es war mein Freund F., welcher erhitzt eintrat.

„Mein Gott, Sie sitzen hier noch! rief er aus. Die ganze Stadt ist ja in der größten Aufregung!"

Ich fragte ihn ruhig, was vorgefallen sei.

„Das wissen Sie nicht? fragte er mich. Die Preußen sind in Gießen eingerückt. Von Darmstadt ist Infanterie und Cavallerie angekommen, welche ihnen entgegen nach Friedberg dirigirt ist. Die Telegraphenbureaus in der Börse sind von den Baiern besetzt. Eine ungeheure Volksmenge wälzt sich auf den Straßen der oberen Stadt. Ziehen Sie sich an, kommen Sie mit zu den Bahnhöfen — es werden noch mehr Truppen erwartet."

Bald gingen wir Arm in Arm durch die aller=

dings sehr belebten Straßen. Vor der Börse stand ein großer Haufen Menschen, welcher die den Eingang besetzt haltenden Soldaten angaffte. Hier erzählte man sich, sämmtliche preußische Telegraphenbeamten seien gefangen genommen und besonders einer in engen Gewahrsam gebracht, da er in dem Augenblicke, wo der baierische Offizier in das Bureau getreten sei, noch eine Depesche habe abschicken wollen.

„Die ganze Geschichte ist nicht wahr, flüsterte mir mein Freund zu, ich habe soeben einen Telegraphenbeamten gesprochen. Der baierische Offizier hat einfach die Beamten aufgefordert, ihre Funktionen einzustellen."

Wir gingen weiter nach den Bahnhöfen zu. Auf dem Main-Weser-Bahnhof erfuhren wir, daß der Verkehr mit Gießen vollständig eingestellt sei. Auf dem Main-Neckar-Bahnhof fanden wir den Vorraum vor dem erhöhten Perron mit unzähligen, kleinen, weißen, länglichen Papieren bedeckt.

„Das sind Patronenhülsen", sagte mein Freund und bückte sich, ein größeres, viereckiges Papier aufzuheben. Es enthielt verwischt die Aufschrift der sechsten Compagnie des vierten großherzoglich hessischen Infanterieregimentes.

„Die müssen hier geladen haben", sagte F. laut.

„Ja, scharf haben sie geladen, sagte Einer der Umstehenden, dessen Vorfahren mit den Ahnen

Rothschilds verwandt gewesen waren; es ist mir eiskalt am ganzen Leib heruntergelaufen. Wie sie an sind gekommen, haben sie schon die Fäuste zu den Fenstern herausgestreckt und haben gerufen: Wo sind sie? Wo sind die Preußen? Wo sind die Bismarker? — Und wie sie sind ausgestiegen, hat der Major scharf laden lassen. Eiskalt ist es mir am ganzen Leib heruntergelaufen. Und dann sind sie nach Bornheim marschirt. Die hätten Sie sehen sollen! Wenn die an die Preußen kommen, kommt Keiner davon!"

Wir wandten uns zum Gehen. Draußen vor dem Thor des Bahnhofs und in den städtischen Anlagen standen zahlreiche Gruppen Frankfurter, welche noch weitere Truppenzuzüge zu sehen beabsichtigten. Wir trennten uns; jeder ging in seine Wohnung.

An demselben Abend verbreitete sich noch das Gerücht, daß Abtheilungen hessen-darmstädtischer Soldaten bei der sogenannten Friedberger-Warte bivouacirten. Es machten sich daher, von Neugierde getrieben, drei junge Frankfurter Bürger, zu welchen sich ein pensionirter preußischer Offizier gesellte, auf, um die kriegerischen Vorbereitungen zu beaugenscheinigen. Es war ziemlich dunkel. Nicht weit von der Friedberger Warte wurden sie von einer darmstädtischen Patrouille angerufen. Sie erklärten den innern Drang, der sie hergeführt und die Patrouille nahm auch die Neugierigen aufs bereitwilligste mit und zeigte ihnen alle

Positionen. Da hielten die Reiter zu Pferde, den gespannten Carabiner in der Faust, gespenstig in die Dunkelheit hinausragend — weiter zurück lagerte Infanterie in einzelnen Haufen auf der Erde. Kein Wachtfeuer brannte — denn man fühlte sich nicht sicher, der Feind konnte jeden Augenblick heranrücken. Nur drinnen im Wirthshaus brannten die Lichter, dort erwartete das Offiziercorps hinter Weinflaschen= schanzen den feindlichen Angriff.

Die Patrouille setzte ihren Weg, von den Civilisten begleitet, seitwärts gegen Bornheim fort. Da, unweit dieses Ortes, wo ein Seitenweg von Seckbach in den Weg nach Bornheim mündet, bewegten sich plötzlich vor der Patrouille und ihren Genossen dunkele Umrisse. Zweimal rief der darmstädtische Patrouillenführer, ein blutjunger Unteroffizier, sein Werda! Keine Antwort. Der Frankfurter bemächtigte sich einige Angst, sie sahen sich nach einem Graben oder einem sonstigen schützenden Gegenstande um. Zum dritten Male: Werda! Keine Antwort. Die Civilisten bereiteten sich vor, den Tod für ihre militärische Wißbegierde zu sterben. Da wandte sich der hessen=darmstädtische Führer ruhig mit den Worten an den, durch sein noch immer militärisches Aeußere ihm imponirenden pensionirten Offizier: „Die ant= worten ja gar nicht, was soll ich da thun?"

In dem Augenblick jedoch standen die dunkeln

Gestalten schon vor ihm. Es war auch eine darmstädtische Patrouille, die ihre Kameraden durch ihr Stillschweigen ängstigen wollte.

(Später hat eine preußische Patrouille bei Ober=Lahnstein denselben Witz durch den Tod eines ihrer Leute gebüßt, da der anrufende Posten Feuer gab).

Beide Patrouillen zogen mit ihrer Begleitung nun nach Bornheim und tranken für den überstandenen Schrecken und die Einflößung desselben auf Kosten der Frankfurter ein Quantum Aepfelwein.

Als ich am Morgen durch die Straßen ging, traf ich auf darmstädtische Soldaten aller Truppen=gattungen, theils einzeln, theils in größeren Haufen und die Bewegungen aller zeigten, daß sie sich mehr oder minder dem Genuß geistiger Getränke hinge=geben hatten. Sie waren während der Nacht fast Alle per Bahn angekommen und hatten, besonders in der Kaserne in der Weißfrauenstraße, die früher von dem Bataillon des österreichischen Regimentes Nobili benutzt worden war, untergebracht werden sollen. Sie hatten es jedoch vorgezogen, statt in die Kaserne, in die um sie gelegenen Wirthshäuser ein=zurücken und trotz allem Befehlen und Bitten der Offiziere war nur ein Theil zu bewegen gewesen, auf der Streu im Hofe der Kaserne zu bivouaciren.

Es war Sonntag. Schon von früh Morgens an standen, in stiller Erwartung der würtembergischen

Division, die eintreffen sollte, große Gruppen der Bewohner Frankfurts am Neckar=Bahnhof und in den städtischen Anlagen vor demselben.

Die erste Nachricht sagte, daß die Truppen um 10 Uhr Vormittags ankommen würden, eine spätere, um 3 Uhr Nachmittags. Die Leute ließen es sich nicht verdrießen zu warten und die einzige Veränderung in dem Volkshaufen war, daß sich bei jedem Regen= schauer die Anzahl derer, die in der Promenade standen, verringerte und die unter der Vorhalle des Neckar=Bahnhofs sich vermehrte.

Es mochte etwa halb fünf Uhr sein, als ich, in einem Kaffeehause auf der Zeil sitzend, lang anhal= tenden Trommelwirbel vom Roßmarkt her hörte. Ich stieg auf die Straße hinab und traf vor der Hausthüre auf einen darmstädtischen Soldaten, dem ein schnell vorüberfahrender Droschkenkutscher zurief:

„Die Preußen! Die Preußen!"

„Gott — — ! rief der Krieger und zog halb sein Seitengewehr, wenn ich auch kein Gewehr habe —"

In demselben Augenblick erschienen die Tam= bours eines würtembergischen Bataillons an der Ecke der Zeil. Die würtembergische Infanterie, sowie die würtembergischen Truppen überhaupt, waren in blaue Waffenröcke und blaue Beinkleider gekleidet. Beladen waren sie mit einem Tornister, auf welchem sich ein großer Feldkessel, nebst zwei Zeltstangen und der dazu gehörigen Leinwand befand. An der Seite hing ihnen eine große, kalblederne Feldtasche. Auf dem Kopfe trugen sie eine unförmige blaue Mütze mit großem Schild.

Als sie so, schwerbepackt, mit den Hosen in den Stiefeln, ungleich im Tritt, sich massenhaft unter den Hurrahs der auf der Straße Versammelten einherwälzten, imponirten sie den Frankfurtern furchtbar.

„Das sind Soldaten! riefen sie aus. Das Ungezwungene! Das Legère! Ganz wie die Franzosen! Die werden es den Preußen zeigen!"

Abends trafen noch 36 Stück württembergischer Artillerie ein, während schon ein großer Theil ihrer Kameraden von der Linie in den Wirthshäusern zwischen Judenphysiognomien saß, welche die guten Schwaben in der eigenthümlichen, semitischen Manier angrinzten und sie mit Bier bewirtheten, wofür die königlich württembergische Infanterie ihnen bei einem jeden neuen Glas die Zahl der von ihr persönlich zu töbtenden Preußen steigern mußte.

Israel schwelgte in Wonne.

....

2.

In einigen Tagen hatte sich Frankfurt und die Umgegend mit Truppen der württembergischen und darmstädtischen Contingente vollständig gefüllt. Das Hauptquartier des Befehlshabers des achten Armeecorps, Prinz Alexander von Hessen, war im Hotel zum englischen Hof in Frankfurt.

Was hatte nun die Stadt Frankfurt zur Aufnahme der Anfangs speciell zu ihrem Schutz herbeigeeilten Truppen gethan?

Zufolge eines Bundesbeschlusses war die preußische und österreichische Garnison schon vor dem 14. Juni abmarschirt. Es standen also drei Kasernen leer, die sogenannte Ramhofkaserne in der Bibergasse für Infanterie und Cavallerie, die Kaserne in der Hasengasse für Infanterie und die in der Weißfrauengasse für dieselbe Waffengattung. In letzterer hatten vorübergehend die Truppen der aus Schleswig-Holstein zurückkehrenden Brigade Kalik ihr Quartier gehabt. Die Durchzüge der österreichischen Truppen waren schon vor dem 14. Juni beendigt und jetzt, wo darmstädtische und würtembergische Infanterie, sowie hessische Chevaux-legers darin untergebracht werden sollten, befanden sich diese Kasernen noch in demselben Zustande, wie sie die Oesterreicher, resp. Preußen, verlassen hatten, voll Ungeziefer und faulendem Stroh.

Das erste hessen-darmstädtische Infanterie-Regiment kam Mittags kurz nach 1 Uhr, nachdem es bei großer Hitze von Darmstadt bis Frankfurt marschirt war, in Frankfurt an. Ihm wurde zuerst die Kaserne in der Hasengasse zugewiesen. Die Leute waren völlig erschöpft — aber sie fanden in der Kaserne weder Wasser, noch Brod, noch Streu — nichts als Wanzen. Es war daher kein Wunder, daß sich der Strom der Soldaten in die umliegenden Wirths= häuser ergoß, wo sie ihren Durst mit spirituösen Ge= tränken löschten und in dem Zustande, in den sie hierdurch versetzt wurden, sich weigerten, in die Kaserne zurückzukehren. Später wurde Brod von der Stadt geliefert; es war jedoch so schlecht, daß die Leute es an Droschkenkutscher, den Laib zu einem oder zwei Kreuzer, verkauften, aber selbst die Droschkenpferde weigerten sich, diese Nahrung zu sich zu nehmen.

Die Schwadronen darmstädtischer Reiterei, die in der Hasenkaserne untergebracht wurden, wandten sich beschwerend an den zufällig in Frankfurt ver= weilenden Prinz Ludwig von Hessen. Derselbe begab sich sofort persönlich in die Kaserne und fand dort nicht allein alles Nothwendige mangelnd, sondern ließ ihn auch der pestilenzialische Gestank, der sowohl in den Ställen, als auch in den Räumen für die Mannschaft herrschte, den Ausbruch von Krankheiten befürchten. Er erklärte dem Senat, daß die Soldaten sofort bei den Bürgern einzuquartiren seien. Dies geschah, Nachmittags 6 Uhr, zuerst mit der Cavallerie, deren Pferde in den Ställen des Circus untergebracht wurden. Die Einwohner Frank=

furts, natürlich nicht auf Einquartierung vorbereitet, empfingen ihre Gäste gerade nicht mit den freund=
lichsten Gesichtern. Es war ein Hin= und Her=
rennen, ein Schimpfen auf den Senat, ein Schimpfen auf die Kasernen, ein Jammern um das Geld, welches es kosten werde, das kaum enden wollte!

Einige Tage Stillstand in den Bewegungen schien einzutreten — den Frankfurtern schien die Sache unbegreiflich zu werden. Sie hatten geglaubt, daß die nach Preußen verlangenden Hessen=Darm=
städter und die ihnen beim Biere Preußens blutigen Untergang beschworen habenden Schwaben nichts Eiligeres thun würden, als sich vorwärts auf die in Kassel stehenden Feinde zu stürzen, besonders da an ihrer Spitze Prinz Alexander von Hessen, der ruhm=
volle Kämpfer von Magenta stand.

Es dauerte immer noch ein paar Tage.

Endlich hatte man heraus, weßhalb der Prinz nicht vorrückte. Sein Corps war noch nicht voll=
zählig: Das badische Contingent fehlte. Als man jedoch erfuhr, daß dasselbe staffelförmig von Weinheim über Heppenheim bis Darmstadt stand und nur des Befehls zum Vorrücken wartete, da waren es die Kurhessen, welche den Angriff verzögerten. Ihnen sollte ja die Ehre zu Theil werden, zuerst auf die Feinde geworfen zu werden, sie waren aber noch nicht vollständig organisirt.

Daher dauerte es wieder ein paar Tage.

Dann vernahm man, daß Regimenter Oester=
reicher, unter ihnen das in Frankfurt garnisonirt
gewesene Bataillon des Regimentes Nobili, in Darm=
stadt eingetroffen und von dort nach Rüsselsheim und
nach Mainz hin dirigirt seien. Woher kamen diese
k. k. Truppen und was sollten sie?

Jetzt schien man den Grund der Verzögerung
entdeckt zu haben: Prinz Alexander hatte an Benedek
geschrieben, er könne nicht eher angreifen, bis man
ihm einige Bataillone kaiserlicher Truppen geschickt
habe, da er nothwendiger Weise Kerntruppen
haben müsse. Daher war Befehl gegeben worden,
das österreichische Regiment Wernhardt (Italiener),
ein Bataillon des Regimentes Heß (aus Wien und
Wienerisch Neustadt rekrutirt), ein Bataillon des
Regimentes Nobili (Czechen) und ein Bataillon Jäger,
versehen mit der nöthigen Artillerie, nach dem Main
zu entsenden. Diese Brigade stand unter dem Befehl
des Feldmarschall=Lieutenant Grafen von Neipperg.

Bis diese Truppen herankamen, hielt der Prinz
Alexander eine große Schwabenparade. Die schwäbische
Infanterie und Artillerie rückte aus, um auf der
Fläche beim Grindbrunnen Paradeaufstellung zu
nehmen. Wenn aber die königlich würtembergische
Infanterie bei dem Hinmarsch um eine Straßenecke
bog, verloren die einzelnen Glieder die einzuhaltende

Distanze, sobaß hinter jeder Ecke ein kleiner Dauer=
lauf entstand.

„Ganz wie die Franzosen! So legér! So
kriegerisch! Gar keine Gamaschenknöpferei! Ein
prächtiges Corps!" riefen die Frankfurter.

Endlich stand die königlich württembergische Feld=
division in einer Linie am Grindbrunnen und Se.
Hoheit, Prinz Alexander, erschien mit seinem Gefolge.
Die Schwaben schrieen Hurrah und die Musikbanden
spielten Schwabenlieder. Der Prinz ritt an der Front
der in zwei Treffen aufgestellten Truppen entlang.
Alsdann ließ Se. Hoheit sämmtliche Offiziere in
einen Kreis um sich versammeln, ließ sich dieselben
vorstellen, machte sie mit den Herren seines Gefolges
bekannt und hielt eine Anrede an sie.

„Was will denn der Preuß' unter dene?" fragte
ein Frankfurter den andern.

„Dumm Os, das is ja der Rumpenheimer,
dem Kurfürst von Hessen sein Thronfolger", war die
Entgegnung.

Das Defiliren begann. Dicht vor mir stand ein
Württemberger von der Sanitätscompagnie. Die
Schwaben, in Compagniefront, mußten nahe an uns
vorüber. Als sie sich dem Defilirpunkte näherten,
riefen die Offiziere: „Richt Euch!" Unmittelbar vor
mir fügte ein dicker Hauptmann diesem Commando
den Zusatz bei: „Guckt nach dem — Scheuserle!"

„Wer is denn das, fragte ein Frankfurter den Würtemberger neben mir, der Scheuserle?"

„Schau, das is der Obermann am andern Flügel", erwiederte dieser *).

Einige Tage nach der Parade zog das würtembergische Contingent ab und dem Feinde entgegen. Die Badenser waren die letzten Bundestruppen, die für diesmal in Frankfurt einrückten. Sie machten unter Allen den besten, kriegerischsten Eindruck. Ihr Aufenthalt in Frankfurt war jedoch nur kurz. Auch das Hauptquartier verließ die Stadt und die Frankfurter erwarteten jeden Tag die Nachricht von dem Einmarsch der Bundestruppen in Kassel.

––––––––––––––––

3.

Während dieser Zeit lagen verschiedene österreichische Regimenter zerstreut in der Umgegend Frank-

––––––––––––––––

*) Von einigen andern Schwabenstudien mag hier noch folgendes erwähnt werden:

Einer von der Reiterei (der Schwabe sagt nämlich nie Cavallerie) tritt in ein Wirthshaus. „Grüß' Di Gott! ruft ein Infanterist. Schau, bischt Du auch hier? Aber wüscht siescht Du aus! Und wo haschst Du denn Dein ein' Driwelireisen? Schau, Du haschst ein Driwelireisen verloren!"

Nun errathe, Leser, welcher Bestandtheil eines schwäbischen Reiters das Driwelireisen ist? — Der Sporn!

furts. Ich hatte Gelegenheit, mehrere Offiziere zu sprechen und fand Alle in höchster Siegesgewißheit. Der Sieg des Erzherzogs Albrecht über die Italiener bei Custozza, der damals stattgefunden, schien ihnen ein glänzendes Zeugniß ihrer Waffen zu sein und den Beweis zu liefern, daß die Preußen sammt ihrem Könige, gleich Victor Emanuel, zum Rückzug gezwungen würden. Sie dachten nicht daran, daß sich ein zweiter siebenjähriger Krieg en miniature, freilich ohne ein Hochkirch, entwickeln könne, sondern schwelgten im Vorgefühl der Eroberung Berlins. Man hielt damals in diesen Kreisen die Preußen für unwiederbringlich verloren. Sie sollten sich in der größten Verlegenheit befinden und Alle den Kopf verloren haben. Man behauptete, den preußischen Feldzugsplan genau zu kennen. Es sei darin angenommen, daß Benedek der Armee halbwegs in der Mitte Böhmens entgegen kommen würde und da dies nicht geschehen, wüßten die Preußen nicht, woran sie wären und marschirten planlos auf und ab, ohne sich zu getrauen, in Böhmen einzurücken, was ihre Truppen natürlich ermüde. So redeten die Einen.

Andere gingen noch weiter und fingen jetzt schon an, den Ritter Benedek vor geschehener That in den Himmel zu heben.

„Das ist eben das Großartige in Benedeks Plan, hörte ich einen alten Hauptmann sagen, Niemand

weiß Etwas davon. Er hat sich in ein unburch=
bringliches Geheimniß gehüllt, selbst seine nächste
Umgebung weiß Nichts. Wenn der geeignete Zeit=
punkt kommt, dann erst werden die Corpscomman=
danten durch Depeschen, deren Eintreffen genau be=
rechnet ist, von dem benachrichtigt werden, was sie
thun sollen. **Ich glaube, daß wenig Preußen
aus Böhmen herauskommen werden!**"

Dann lachte man über die preußischen Garde=
lieutenants und die ganzen Berliner Paradesoldaten,
zuckte höhnisch über die Landwehr die Achseln und
meinte, ein Regiment Croaten jage die ganze Armee
sammt ihren Zündnadelgewehren in die Flucht. Mit
einem Wort, man hielt sich für unfehlbar und schien
auch mit jedem Tage mehr Beweise für diese Idee
zu bekommen.

4.

Die Nachrichten von einem österreichischen Siege
bei Trautenau setzten Frankfurt in eine Art Ver=
zückung.

„Nun, redete mich ein Judenjüngling an, nun,
was sagen Sie nun zu Ihren Preußen? Was sagen
Sie nun? Schön geklopft sind sie! Sogar die Todten
und Verwundeten haben sie zurückgelassen!"

Und dann eilte er hin und opferte dem Kalb in seinem Tempel der Börse in österreichischen Metalliques.

„Das Gold liegt auf der Straße! schrieen sie. Man kann Geschäfte machen, wie nie!"

Es war eine gefährliche Zeit. Die Spionenriecherei stand auf ihrem Gipfel. Täglich wurden 3—5 Spione eingefangen. Ein junger Mann mit Berliner Dialekt wurde als verdächtig aus einem Kaffeehaus entfernt. Ein Postbeamter, selbst Würtemberger, wurde von seinen eigenen Landsleuten als Spion verhaftet, da sie den schwäbischen Dialekt, den er sprach, für nachgeahmt hielten, um ihr Vertrauen zu erwecken. Mir selbst passirte es, daß ich, als ich in einem Bierhause von der Intelligenz des preußischen Volkes sprach, von einem Juden hören mußte, Leute, die sich derartige Aeußerungen erlaubten, seien in Bierhäusern nicht zu dulden. Einem Herrn aus Köln hätte es noch schlimmer ergehen können. Obgleich er schon längere Zeit in Frankfurt wohnte und sogar mit einer Frankfurterin verheirathet war, hatte er sich doch noch nicht das „Cölner Dialekt" abgewöhnen können. Unvorsichtig genug, machte er in diesen bewegten Tagen mit seiner Frau einen Ausflug nach Wiesbaden, unterhielt sich laut mit dieser in einem Eisenbahncoupé dritter Classe und äußerte gelegentlich:

„Ach, wie viel Bundestruppen sind doch in Frankfurt?"

Dieses hatte zur Folge, daß, als der Zug in Castel hielt, ein baierischer Offizier mit einem Piquet Soldaten erschien und die Frage an ihn stellte:

„Wohin reisen Sie?"

Antwort: „Nach Wiesbaden."

Frage: „Woher sind Sie?"

Antwort: „Aus Frankfurt."

Stimme im nächsten Coupé: „Des is nit wahr! Here Se doch nur sei' Sprach'! Is des ä Frankforter?"

Frage: „Was treiben Sie für ein Geschäft?"

Antwort: „Ich lebe von meinem Geld."

Stimme im nächsten Coupé: „Spionire thut der Bismarker!"

Der Offizier war im Begriff, den Reisenden zum Aussteigen zu veranlassen, als ein Zug, von Wiesbaden kommend, in Castel einlief und der Bedrohte mehrere Bekannte aus Frankfurt darin gewahrte. Er rief sie herbei und auf ihre Aussagen hin gab der Offizier, welcher sich sehr höflich benahm, dem Geängsteten die Reise frei. Die Stimme im nächsten Coupé aber konnte nicht unterlassen, bis nach Wiesbaden drohende Töne auszustoßen, „Bismarker, Spion" u. s. w. hören zu lassen.

Dazwischen kamen fabelhafte Siegesnachrichten.

Prinz Friedrich Karl sollte mit 60,000 Mann und 30 Geschützen gefangen genommen sein — und nun der plötzliche Rückschlag:

Die Depesche Benedeks, in welcher er erklärt, daß er die Vereinigung der beiden preußischen Heeressäulen nicht hatte verhindern können.

„Ich kann nicht begreifen, was der Mann macht! Ich kann nicht begreifen, was der Benedek anfängt! Aber er hat auch noch nie eine große Armee commandirt!"

So riefen die Bürger der freien Stadt Frankfurt, auf der Zeil umherlaufend.

Dann kam der große Schlag bei Königsgrätz. Erst wurde er nicht geglaubt; dann hieß es, es sei Verrath, dann, die Sache wäre nicht so gefährlich, die österreichische Armee werde sich sammeln und den Feldzug glorreich beenden.

Frankfurt hätte sich durch diesen Schlag vernichtet fühlen müssen, denn die Folgen mußten für die Stadt entscheidend sein — aber man ahnte den Umschwung der Dinge noch immer nicht. Man schrie, wie schon gesagt, über Verrath in der österreichischen Armee, man glaubte nicht an die Größe der Niederlage und hoffte täglich auf einen Sieg bei Florisdorf, in dem alle Preußen untergehen sollten. Dann enthusiasmirte man sich noch stärker, als zuvor, für die Baiern und das achte Armeecorps, für die treuen Hüter der Stadt, die ächten, kriegsgewohnten Truppen, die die Preußen schlagen würden, wie einst Simson die Philister. Man lebte in einem krampfhaften Taumel, der an Nichts glauben ließ, als was man sich selbst einredete. Was that es überhaupt, daß die Oesterreicher in Böhmen ein paar Mann verloren hatten, hier stand das ungeschwächte Heer Alexanders und, von diesem umgeben, saß man wie in Abrahams Schooß.

Der unsinnigste Zweifel hörte nicht auf, die Stadt zu beherrschen, selbst die bestimmtesten Thatsachen nannte man Lügen. Auch die Capitulation der Hannoveraner bei Langensalza war eine solche.

Eines Tages erzählte man sich sogar, der hannoversche Gesandte habe in Folge einer Depesche, die ihm den siegreichen Durchbruch der Armee gemeldet, die ganze Nacht durch Champagner getrunken. Den König von Hannover erwartete man täglich. Dann kam die Nachricht, die leichten, würtembergischen Truppen seien **wirklich** in Kassel eingerückt und **den darauf folgenden Tag war das Hauptquartier des achten Armeecorps thatsächlich wieder in Bornheim.**

Am Abend desselben Tages rückte der Feldmarschall-Lieutenant von Neipperg an der Spitze seiner Brigade in Frankfurt ein. Das achte Armeecorps hatte seinen Rundmarsch vollendet. Ueber Gießen, Alsfeld, Lauterbach waren seine Vorposten bis unweit Großenlüder vorgeschoben gewesen und dann über den Vogelsberg wieder zurückmarschirt. Die Brigade Neipperg schien Frankfurt halten zu sollen, während sich die würtembergische und hessische Brigade auf der alten Leipzigerstraße bis über Gelnhausen hinaus vorschob. Die Badenser hielten die Strecke Gießen=Frankfurt besetzt, während von Höchst her sich die Nassauer an die österreichische Brigade anschlossen. Die Besatzung von Mainz bestand aus der Kurhessischen Division, Würtembergern und Baiern, sowie dem meiningischen Contingent. Die Verbindung mit den Baiern hatte bis jetzt noch nicht bewerkstelligt werden können.

Es wurde sehr viel auf die Baiern geschimpft, es sei ein kopfloses Hin= und Herziehen, es sei auch hier — Verrath. Zuerst wurde von der Tann als Verräther genannt und gleichzeitig damit verbreitete sich die Kunde, er sei standrechtlich erschossen worden. Aber auch das achte Armeecorps konnte nicht umsonst wieder in Frankfurt eingetroffen sein, es mußte eine besondere Entschuldigung hierzu haben und diese fand man am Besten darin, daß der ganze, vorzügliche Plan des Prinzen Alexander von Hessen verrathen worden war und er sich genöthigt sah, neue Aufstellungen zu nehmen und neue Dispositionen zu treffen.

Wer aber war der Verräther?

Es wurden verschiedene Namen genannt, darunter von Stückerath und von Stockhausen. Endlich blieb man auf dem Namen von Stockhausen haften. Der Verräther hatte sich selbst entleibt! — Während man dies in Frankfurt mit großer Bestimmtheit erzählte und behauptete, konnte Jeder, der durch Bornheim ging und an dem Wirthshaus „Zum Adler", in dem das Hauptquartier war, vorüberkam, den alten, ehrenvollen Oberst von Stockhausen ruhig im Fenster liegen und seine Pfeife rauchen sehen.

Als ich in dieser Zeit eines Abends vom Roßmarkt gegen die Zeil ging, sah ich die Eschenheimer Gasse vollständig mit Menschen bedeckt, die in der Nähe des Bundespalais feste Knäuel bildeten; nur mit Mühe konnte man sich durchdrängen. Auf die Frage, was es dort gebe, antworteten die Einen, der Bundestag reise ab, die Andern, es seien neue Depeschen der „Neuen Frankfurter Zeitung" da; dies Letzte war auch wirklich der Fall. An den beiden Thorpfosten der Offizin der „Neuen Frankfurter Zeitung" waren kleine Ausschnitte der Zeitung angeklebt, welche die Nachricht enthielten, der Commandeur der badensischen Truppen habe sich geweigert, die Befehle des Prinzen Alexander auszuführen und seinen Soldaten befohlen, den Rückweg anzutreten. Diese hätten die Gewehre fortgeworfen und ihre Säbel zerbrochen.

Am andern Tage war die „Neue Frankfurter Zeitung" auf Requisition des Commandos des achten Armeecorps confiscirt.

....

5.

Mag sein, daß sich das achte Armeecorps in seinen Erwartungen getäuscht hatte, oder sich zu schwach fühlte, geraden Wegs nach Kassel zu marschiren, indem es befürchtete, zu weit von seiner Operationsbasis abzukommen — oder daß wirklich Differenzen zwischen seinem Führer und dem Oberbefehlshaber der Bundesarmee ausgebrochen waren und daß Letzterer seine Autorität geltend gemacht und dem Ersteren als nunmehriges Ziel seine Vereinigung mit dem siebten Bundesarmeecorps, den Baiern, befohlen hatte, — genug das achte Armeecorps suchte jetzt wirklich diese Vereinigung. Gleichzeitig damit verlegte es aber den Preußen die Straße von Fulda über Gelnhausen nach Frankfurt, indem es besonders den Paß bei Aufenau zu vertheidigen entschlossen schien.

Aber auch die Bundeshauptstadt sollte geschützt werden. Es wurde Befehl ertheilt, in einem Halbkreis um die Stadt Lunetten aufzuwerfen und auch sofort mit der Schanzarbeit begonnen: Oberhalb

Bergen, zur Bestreichung der Straße von Hanau nach Frankfurt, bei der Friedberger Warte zur Bestreichung der Vilbelerstraße, dicht vor Bockenheim zur Dominirung der Straße von Heddernheim und Rödelheim.

Ehe noch der Krieg zwischen dem Bund und Preußen ausbrach, enthielt der in Frankfurt erscheinende „Volksfreund für das mittlere Deutschland" einen Artikel von einem begeisterten Frankfurter Patrioten, welcher durch das Benehmen einiger preußischer Soldaten hervorgebracht worden war. Es hatte sich nämlich ein preußischer Soldat erkühnt, einige Blumen auf der Promenade abzupflücken. Dies war ihm von einem Frankfurter Gensdarmen, oder Polizeibediensteten, oder irgend Jemand, der dazu ein Recht zu haben glaubte, verwiesen worden. Ein anderer hinzutretender preußischer Soldat sollte sich zu der Aeußerung haben hinreißen lassen:

„Lassen Sie ihn doch gehen, dies Alles ist ja doch bald unser."

Hieran anknüpfend, erklärte jener Patriot: **Eher solle Frankfurt ein Schutthaufen werden, als daß man es in die Hände der Preußen fallen ließe.**

Beim Anblick der aufgeworfenen Schanzen jedoch, aus und zu welchen bald die Kanonen reden sollten, schien jener Patriot und seine Genossen alle

Redekraft verloren zu haben. Ihre begeisterten Auf=
forderungen zur Vertheidigung Frankfurts verstummten
und nun hörte man überall sagen:

„Was wolle se mit de Schanze? Es gibt ä
Unglück! Ei, laßt Euch todt schieße, wo ihr wollt,
wir brauche nit dabei zu sein! Des is nit zur Ver=
theidigung der Stadt, zu Grunde geht se dadurch!"

Und als Illustration zu diesen Redensarten war
die Gallusgasse, die Straße nach den Bahnhöfen,
mit schwerbeladenen Droschken und Privatfuhrwerken
bedeckt, in denen die wohlhabenden Frankfurter sich,
oder mindestens ihre Familien nach einem anderen
Klima schafften — bis sich auch der Senat, gedrängt von
der Bürgerschaft, bei dem Bundestag zu der Erklärung
genöthigt sah, daß er zum Schutz der Stadt Frank=
furt die Schanzen nicht bedürfe, wenn solche aber
zum Schutz der Bundesversammlung aufgeworfen
würden, so möge diese, im Fall sie sich in Frank=
furt nicht mehr sicher fühle, aus Rücksicht für die
Stadt, ihren Sitz in eine andere, mehr gesicherte
Gegend verlegen.

So erklärten die Häupter der Stadt, außerdem
aber fuhr man fort, gegen die Preußen zu wüthen;
auf die schlechte Führung der Bundesarmee zu
schimpfen und als Erheiterung nebenbei Spione zu
fangen.

Dies Schicksal mußte jedoch eines Tages auch

ein ehrenwerthes Mitglied der Frankfurter Bürgerschaft theilen.

Es hat Fürsten gegeben, welche in sich den Drang fühlten, ein bürgerliches Handwerk auszuüben, warum sollte es nicht einen Frankfurter Metzger geben, der sich zum Feldherrn berufen glaubte? Der gute Mann hatte im Frieden so viele Bücher über Kriegskunst, Taktik und Strategik durchgespürt, so vielen Manövern der Jugendwehr, so vielen Exercitien der Nassauer bei Höchst beigewohnt, daß er jetzt die Stunde gekommen glaubte, in der er seine Kenntnisse, wenn auch nicht praktisch zu verwerthen, so doch praktisch noch zu erweitern hoffte. Er bestieg also sein Schlachtroß und ritt hinaus gen Vilbel, um sich zu überzeugen, nach welcher Lehre man bei dem Aufwerfen der Schanzen verfahre. Bei den Schanzarbeitern an der Friedberger Warte angekommen, hielt er still und schaute mit Kennerblick über das Gefilde.

„Hm, hm", brummte er vor sich hin. Dann fragte er einen Unteroffizier: „Da unte' werfe' se auch ä Schanze auf?"

„Jawohl", entgegnete dieser.

„Und da obe' bei Seckbach auch?"

„Ja", war die Antwort.

„Hm, hm, sagte er und ließ sein Pferd drei Schritte vorgehen. Und die bei Hause' die armire' se wohl mit recht schwere' Geschitz? Und hier die, die soll wohl die Gegend bei Vilbel bestreiche'?"

Der Unteroffizier antwortete jetzt nicht mehr, sondern blickte ihn ernst und streng an. Dann bat er ihn, vom Pferde zu steigen und bis zur nächsten Patrouille, die ihn in die Stadt bringen sollte, gefälligst bei ihm zu warten. Vergebens sträubte sich der biedere Metzgermeister, vergebens versicherte er, daß er ein „Frankforter Borger" sei — er mußte sich in sein Schicksal fügen und wurde auf diese Weise dem Herrn Metzgermeister Gelegenheit geboten, das Wachtstubenleben praktisch kennen zu lernen.

Auch ein jüngeres Mitglied der Bürgerschaft hatte für seinen Patriotismus zu büßen. Als Feldzeichen des achten Armeecorps war das Anlegen von schwarz-roth-goldenen Feldbinden befohlen worden. Alsbald prangten an allen Läden derartige Binden zum Verkauf und zarte Jungfrauen vertheilten solche an unbemittelte Soldaten. Einem Frankfurter speculativen Kopf fällt es da ein, daß schon viele Abtheilungen des achten Armeecorps Frankfurt verlassen und in der Richtung nach Gießen vorgeschoben seien. Das patriotische Gemüth des geborenen Frankfurters treibt ihn nun, auch diese Truppen mit dem Bundeszeichen zu versehen und wo möglich, einen „Rewes" zu machen. Er rüstet seinen Sohn mit einem ganzen Musterkasten schwarz-roth-goldener Binden aus und

sendet ihn ab gen Gießen. Länger denn acht Tage
sieht und hört er Nichts vom Sohn und den Binden.
Die Bundestruppen kehren wieder — jedoch sein
Sohn — er kehret nicht. Die Angst des Vaters
mischt sich mit der des Handelsmannes. Bald ver=
wünscht er den Sohn und jammert um das Schwarz=
Roth=Gold, bald flucht er auf die Binden und
wünscht den Sohn zurück. Endlich kommt der
Sohn, aber, so viel ich weiß, ohne Schwarz, ohne
Roth und ohne Gold. In Gießen hatte er keine
Bundestruppen gefunden, wohl aber preußische
Husarenpatrouillen. Er warf sich in seiner Angst
seitwärts in die Büsche, aber nach der verkehrten
Seite hin, statt nach dem Vogelsberg, nach Wetzlar,
und fiel nun erst recht den Preußen in die Hände,
die ihn freundschaftlichst seines Musterkästchens ent=
ledigten und ihn dann auf dem Wege über Wetzlar
und Coblenz nach seiner Heimath entspringen ließen.

Das siebente Bundesarmeecorps (die Baiern),
war inzwischen in Action getreten. Die Kürassiere
waren in gemüthlichem Trott bis Nußdorf geritten,
um dann in unaufhaltsamer Carrière zurück nach
Würzburg zu kehren. Der Uebergang über die Saale
bei Kissingen war von den Preußen forcirt, aber es
brauchte lange Zeit, bis dies Ereigniß den Frankfurtern
glaubhaft wurde.

Die baierische Armee hatte ihre Reserve an sich

gezogen und erwartete in fester Stellung bei Schweinfurt den Angriff der Preußen und die Frankfurter waren des sichern Untergangs derselben gewiß.

Da begannen eines Nachmittags in Frankfurt die Trommeln zu wirbeln; es wurde für die österreichischen Regimenter Generalmarsch geschlagen. Jedoch gegen alle Erwartung marschirten diese statt nach der Hanauer Landstraße nach dem Neckar=Bahnhof, um per Bahn nach Darmstadt gebracht zu werden. Nachts um 12 Uhr harrte noch das Regiment Baron Wernhardt (Italiener) der Abfahrt. Es begeisterte die Frank=furter durch das Singen wilder, italienischer Lieder, deren Inhalt die Zuhörer natürlich nicht verstanden, die ihnen aber untrügliche Zeichen der Vernichtung der Preußen waren; besonders als einzelne Soldaten zu den Bürgern traten und mit erschreckender Grimasse und vorgestreckten Fäusten riefen: „Blut! Viel Blut, wenn wir kommen! O, viel Blut!" Die Frankfurter übergaben sich in dieser Nacht den süßesten Träumen. Sie sahen den dicken Kapellmeister vom dreißigsten Regiment im Triumph gefangen in die Stadt ge=führt, die preußischen Rheinischen Husaren im furcht=baren Bayonettangriff von den Italienern niederge=stochen, den General von Beyer als verstümmelten Verwundeten auf einem Wagen mit Stroh herein=gefahren und den General von Manteuffel sieben Schuhe Erde bedecken.

Weßhalb nahmen die österreichischen Regimenter nicht den nächsten Weg über Hanau nach Aschaffenburg? Weil dieser Weg durch die würtembergischen und hessen=darmstädtischen Truppen versperrt war. Nachdem die Preußen bei Kissingen die Baiern geschlagen hatten, war die Vertheidigung der Position bei Aufenau unnöthig geworden und die ganzen Truppenmassen wälzten sich über Gelnhausen, Hanau u. s. w. nach Aschaffenburg.

Während der Einnahme Hanaus durch die Würtemberger verbreiteten sich in Frankfurt Gerüchte über neu entdeckten Verrath. Würtembergische Soldaten hatten das Postgebäude in Hanau besetzt und man hatte den Postmeister mit starker Escorte über die Straße gehen sehen. Jetzt war der einzig und alleinige Verräther, für dessen Entlarvung so sehr geschwärmt wurde, entdeckt. Postmeister B. sollte nicht nur Briefe an das Commando des achten Armeecorps unterschlagen, sondern auch Briefe von verrätherischen Offizieren aus dem Generalstab des Prinzen Alexander an den preußischen General von Beyer befördert haben. Täglich erwarteten die Frankfurter von seiner standrechtlichen Execution zu vernehmen.

Sie warten heute noch!

6.

Der Tag nach dem Abmarsch der österreichischen Division war ein sehr stiller in Frankfurt. Ein schwaches baierisches Bataillon und das incomplete Frankfurter Stadtbataillon waren die einzige Besatzung der Stadt. Auf allen Gemüthern lastete das Gefühl der Gewißheit, daß in der Nähe eine für Frankfurt entscheidende Action vorging und die Ungewißheit, zu wessen Gunsten dieselbe ausfallen werde.

Obgleich der größere Theil der Frankfurter sich in die Ueberzeugung hinein reden wollte, daß dieser Ausgang nur zu Gunsten der Reichsarmee stattfände, wurden doch hier und da Stimmen laut, welche darauf hinwiesen, daß, wie in früheren Gefechten, die Preußen siegreich auch aus diesem Kampfe hervorgehen könnten. Nachmittags verbreitete sich, durch Postconducteure gebracht, die Nachricht von einer Niederlage der Bundestruppen.

Die Fanatiker schrieen dagegen, man solle die Leute, die so Etwas sagten — möge die Sache nun wahr, oder gelogen sein — einfach lynchen!

Am Abend nahmen die Berichte einen bestimmteren Charakter an. Zahlreiche Gruppen auf den Straßen erzählten sich bis in die Nacht hinein, was die Einen von versprengten Oesterreichern, die Anderen von darmstädtischen Offizieren, die Dritten von Augen=

zeugen wollten gehört haben. Bis 4 Uhr Nachmittags sei das Gefecht zu Gunsten der Preußen gewesen, dann aber sei durch österreichische Rakettenbatterien ein Wald, in dem sich die preußischen Colonnen hartnäckig behauptet, in Brand geschossen und dadurch die Schlacht zu Gunsten der Bundesarmee entschieden worden. Vom Pfarrthurm aus sollte man die Flammen des brennenden Waldes die Nacht erleuchten sehen und, näher an dem Schauplatz der Ereignisse, das Todesgewimmer der sterbenden Preußen hören, deren Entkommen durch den Rauch und Qualm unmöglich gemacht sei. Auch sagte man, wäre im Laufe des Tages ein Eisenbahnzug, in welchem sich Theile des dreißigsten Regimentes befunden, von den Würtembergern total zusammen geschossen worden.

Am nächsten Morgen war die Aufregung noch dieselbe, da man noch keine bestimmteren Nachrichten hatte. Man behauptete, das Gefecht vom vorigen Tag sei unentschieden geblieben und der Kampf von Neuem aufgenommen. — Als Landleute die Nachricht in die Stadt brachten, die preußischen Vorposten ständen bis nach Kahl, halbwegs zwischen Aschaffenburg und Hanau, machten sich verschiedene Frankfurter Bürger auf, um sich persönlich hiervon zu überzeugen. Einige derselben wagten sich gar nicht nach Kahl und kamen mit der Behauptung zurück, daß sie nirgends Preußen gesehen hätten; Andere jedoch hatten am

fernen Horizont das Blitzen preußischer Helme zu
entdecken geglaubt und waren schleunigst umgekehrt.
Nur ein Bäckermeister ist, soviel mir bekannt, bis
nach Kahl selbst gefahren. Als er dort hinkam, waren
allerdings keine preußischen Truppen zu sehen, jedoch
erzählten die Bewohner des Ortes, daß am Vor=
mittag schon preußische Kürassiere dort gewesen seien.
Während dieser Unterredung zeigten sich wieder in
einiger Entfernung blitzende Helme und Kürasse.
Der Bäcker kehrte um und brachte die Nachricht nach
Frankfurt. Dort legte man dies nach eigener Art
und Weise aus, d. h. man erklärte die Kürassiere für
versprengte Truppenkörper.

Es erschien an jenem Tage eine Proklamation
des Senats an die Bürgerschaft, worin derselbe sagte,
was auch über Frankfurt hereinbrechen möge, der
Senat werde fest an dem Bund, an dem Bundes=
recht und an den Bundesgenossen halten. Diese
Proklamation wurde an allen Ecken angeheftet und
befand sich noch dort, als die preußischen Truppen
am nächsten Tage einzogen.

Während die Bürger noch so zwischen Gewißheit
und Ungewißheit schwebten, brach die Nacht herein
und entführte ihnen in tiefer Stille den Rest der
baierischen Besatzungsmannschaft. Am anderen Morgen
erhielt ich die definitive Nachricht von dem Anmarsch
der Preußen. Ich theilte dieses einigen Freunden

mit, wurde aber mit Hohnlachen und der Bemerkung abgefertigt, daß die Preußen acht Stunden bis Hammelburg zurückgeschlagen seien. Am 15. Juli sei der Geburtstag des Prinzen Alexander gewesen und dieser habe, um ihn würdig zu feiern, seine sämmtlichen Truppen, verstärkt durch 10,000 Oesterreicher von der Südarmee, die über München heraufgekommen, in's Feuer geführt und so einen entscheidenden Erfolg erfochten. Im Allgemeinen war die Stimmung in der Stadt sehr verschieden. Ein Theil der Einwohner hielt an der Nachricht vom Siege der Bundesarmee fest, ein anderer glaubte an das Heranrücken der Preußen, — die Aengstlichen versuchten ihre Mitbürger dahin zu stimmen, die Läden nicht zu schließen, überhaupt Alles zu vermeiden, was die einrückenden Soldaten reizen könnte.

Es war ungefähr 11 Uhr, als ich in ein Kaffeehaus trat und dort vier Herren versammelt fand, welche sich lebhaft über die Tagesfrage unterhielten. Sie erzählten sich einander, was für unsinniges Zeug man schon in der Stadt spreche, daß man gesagt habe, die Preußen seien in Hanau und halbwegs Frankfurt, daß man sogar behauptete, zwei Senatoren seien des Nachts im preußischen Hauptquartier der Mainarmee gewesen. Da trat ein Fünfter hinzu. Er wurde mit der Frage empfangen, ob er auf dem Pfarrthurme gewesen sei.

„Ja", entgegnete er.

„Und was haben Sie dort gesehen?" wurde gefragt.

„Das sage ich nicht", entgegnete er.

„Warum nicht?"

„Weil Sie es mir nicht glauben werden."

„Das ist kein Grund, es zu verschweigen!"

„Nun denn, wenn Sie es wissen wollen, zwischen Hanau und hier bewegen sich große Truppenmassen."

Es folgte eine kleine Pause, dann sagte Einer, das wäre ganz natürlich, es würden die Würtemberger sein.

Als ich das Lokal verließ, war eine zweite Proklamation des Senats erschienen, in welcher die Bürgerschaft vorbereitet wurde, daß sie von preußischen Truppen occupirt werden könnte. Dabei wurde sie aber zur Ruhe ermahnt und von der Disciplin der preußischen Armee gesprochen.

Kurz darauf zeigten sich einzelne preußische Offiziere in der Stadt und die Menge hatte nicht übel Lust, sie zu insultiren. Die Angst vor dem Kommenden jedoch, sowie die Worte der Vernünftigern scheint sie davon abgehalten zu haben.

Jetzt erschienen überall Fahnen und Fähnchen der verschiedensten Nationen, von der großen mexikanischen Flagge bis zu der des Fürsten von Lippe-Detmold. Die Flaggen sollten das Eigenthum decken. Abends gegen 6 Uhr sprengte die erste preußische

Cavallerie mit verhängtem Zügel, den Carabiner in der Faust, durch die Stadt nach den Brücken und Bahnhöfen.

Um 9 Uhr folgten die übrigen Truppen.

Der Einmarsch derselben ist schon in allen Zeitungen beschrieben worden und es bleibt daher nur noch wenig über ihn zu sagen. Er fand im Schritt und ohne weitere, als die nothwendigsten kriegerischen Vorsichtsmaßregeln statt. An der Spitze ritt die Generalität, dann folgte die Cavallerie, die Musikchöre blasend, hiernach die Infanterieregimenter, singend, und zum Schluß die Artillerie. Jedesmal, wenn eine Fahne von der Allerheiligengasse nach der Zeil bog, ertönte ein Hornsignal. Unwillkührlich wandten sich dann die Köpfe der preußischen Soldaten seitwärts dahin, woher dieser Schall kam. Er kam aber von der sogenannten Constablerwache, die eine Abtheilung des freien Frankfurter Linienbataillons besetzt hielt und dieses erzeigte einer jeden Fahne die vorgeschriebene militärische Ehre.

Morituri te salutant!

Die Frankfurter Hörner und Trommeln ertönten an jenem Abend zum letzten Male öffentlich, denn das Bataillon wurde einige Tage später entwaffnet und aufgelöst.

Weßhalb, erhebt sich nun die Frage, waren diese Soldaten nicht in den Reihen der Bundesarmee?

Sie gehörten zur Reserve derselben und standen zur besonderen Verfügung des Bundesfeldherrn.

Warum waren sie nicht einmal mobil?

Den Frankfurtern ist dies gern ein Beweis, daß sie nicht Krieg gegen Preußen geführt haben, ein Beweis, der aber jedes Stützpunktes entbehrt. Hatte der Bund nicht mobil gemacht, hatten sich nicht selbst die Staaten, deren Contingente zur Reserve gehörten, eingefunden — und hielt Frankfurt etwa nicht zum Bund? An jeder Straßenecke konnte man es lesen.

Der Grund lag in einer anderen Sache und war eng verwandt mit der übertriebenen Hinneigung zu Oesterreich. Eines Theils hielt man bei diesem Staate, weil die großen Banquiers und Wucherer seine Anleihen abschlossen und die kleinen Rentiers und Speculanten viel in österreichischen Papieren machten, anderen Theils aber schien dem Senat und den Bürgern bei einem Siege Oesterreichs die Unabhängigkeit der Stadt minder bedroht und auf **keinen Fall brauchte dann ein Frankfurter Kind Soldat zu werden.**

Soldat werden, das war der Gedanke, der die Frankfurter Jünglinge zittern und beben und in die Knice sinken machte, vor Furcht und Entsetzen. Deßhalb haßten sie, Väter und Söhne, so das preußische Regiment, weil es Jedem eine Pflicht auferlegt, auf die jeder Staatsbürger stolz sein sollte, die Pflicht, sein Vaterland selbst zu vertheidigen, statt dieses durch Söldlinge thun zu lassen, während man zu Hause die Couponschneiderei betreibt. Und nur deßhalb fehlten auch die Frankfurter Soldaten beim Bundesheer.

Wie gern würden sie geprahlt haben, die Mammonsritter und Barone, von den Waffenthaten ihrer Truppen, zumal sie so sicher auf den siegreichen Ausgang des Krieges für Oesterreich und den Bund rechneten, wie gern würden sie sich auch hier als treue Anhänger des Bundes gezeigt und Artikel in die Zeitungen gesetzt haben über ihren Feuereifer und die gute millionärische Ausrüstung ihrer Streiter, wie gern würden sie nicht Blumen gestreut haben, die Frauen und Töchter Zions und mit weißgewaschenen Taschentüchern geweht und Kränze geworfen haben bei der Heimkehr der Schaar.

Um Alles dies thun zu können, mußte man jedoch das Contingent kriegstüchtig machen, dazu bedurfte es aber der Rekrutirung einiger hundert Bürgersöhne, die ihr Leben für die Unabhängigkeit der Stadt hätten einsetzen müssen, — und es war daher besser, daß die Sache von den Oesterreichern und den Bundesgenossen ausgefochten wurde. Das, und nicht Freundschaft gegen Preußen, war der Grund, der die freie Stadt Frankfurt nicht mobil machen ließ. Oder dachte man an die Zeiten des Römischen Reiches, wo Frankfurt sich unter anderen Rechten auch das erkauft hatte, wenn zwei Kaiser im Reiche waren, ruhig seine Thore schließen zu können und sie erst dann Einem von Beiden zu öffnen, wenn er, unbelastet von seinem Gegner, 4 Wochen und 2 Tage vor ihnen gelegen hatte. Der Kaiser zog dann ein und die Rathsherren baten knieend um Beibehaltung der Meßfreiheit. Diese wurde ihnen gewährt und Kaiser und Reich kümmerte sich wenig darum, wieviel die Frankfurter hinter ihren geschlossenen Thoren raissonirt hatten.

Die Zeiten ändern sich. Von Punischer Treue sprach man im Alterthum, Frankfurts Patriotismus ist heute eben so ein Ding. Irrhäuslerisches Geschrei, womöglich hinter dem Rücken, auf die Gegner, welche die Macht in Händen haben, ausstoßen, Proklamationen abreißen, in den Kirchen husten und scharren, weiß-rothe Schleifen, Bänder und Blousen tragen, in keine preußischen Conzerte gehen, das nennt man Patriotismus, Anhänglichkeit an das Vaterland, das ist billig und macht Gasseneffekt; aber, wenn es den Kampf um die Vaterstadt gilt, nicht hundert junge Leute aufbringen zu können und wenn, nachdem man Tod den Feinden geschworen, von Schutthaufen u. s. w. geredet hat, die Stadt von Andern vertheidigt werden soll, hin- und herzulaufen, zu reden, zu schimpfen, zu schreien, man habe die theuren Häuser nicht gebaut, damit sie zusammengeschossen würden — wie nennt man Das?

7.

Als die ersten preußischen Kürassiere durch Sachsenhausen ritten, wurden sie von den Bewohnern des linksmain'schen Frankfurts für Kurhessen gehalten und mit Vivathochs begrüßt. Man hielt ein großes Stück auf diese Truppen, die eigentlich zum neunten Armeecorps gehörend, durch besonderen Beschluß unter das Commando des achten gestellt und dazu bestimmt waren, den ersten Angriff auf den Feind auszuführen, jedoch später, wie bekannt, der Besatzung von Mainz zugetheilt wurden.

Es war ein Tag gewesen, an dem Sonnenschein mit Regengüssen wechselte, als Abends gerade unter einem heftigen Schauer bei Pauken= und Trompetenklang sich die Helme und Küraße der kurhessischen Garde=du=Corps langsam die Zeil heraufbewegten. Schon am Tage hatten die Frankfurter die riesigen Gestalten der einzelnen Fouriere angestaunt und ein Judenknäblein hatte an den gelben Harnisch eines Reiters geklopft und gefragt:

„Ist das Alles Gold?"

Jetzt, wo die stattlichen Leute in Reih und Glied daher zogen, brach die Menge in wildes Hurrahgeschrei aus, welches die Reiter durch Schwingen der Pallasche erwiederten. Sie wurden trotz des Regens bis halbwegs Höchst begleitet. Ihnen folgte ein Husarenregiment und Artillerie. Die Infanterie wurde mit besonderen Eisenbahnzügen von Hanau nach Frankfurt und mit der Verbindungsbahn weiter transportirt, sodaß den Frankfurtern der Anblick der in äußerer Erscheinung und militärischem Wesen so imponirenden Truppen entzogen wurde.

In Mainz fanden die Kurhessen in der baierischen Besatzung ein Element, mit dem sie sich schwer vereinigen konnten. Die Verschiedenheit des Nationalcharakters und die Abneigung gegen die „Strafbaiern" von früher, mögen genug Anlaß zu häufig sehr blutigen Schlägereien gegeben haben. Als Grund einer solchen erzählte ein in Mainz gewesener Frankfurter Einwohner Folgendes:

Ein Kurhesse und ein Baier ereiferten sich über die Art und Weise ihres beiderseitigen Exercirens, wobei sich der Kurhesse zu der Aeußerung hinreißen ließ, die Baiern und Würtemberger könnten gar nicht exerciren! Der Baier, gereizt, rief seine herzutretenden Landsleute, der Kurhesse die seinigen zu Schiedsrichtern auf. Ein Unteroffizier von den kurhessischen

Füsilieren erklärte nun: „Ihr seid gar keine Soldaten, wir und die Preußen sind die einzigen Soldaten!"

„Bismärker!" schrieen die Baiern und die Militärschlägerei war da.

Es wird weiter erzählt, daß jener Füsilier-Unteroffizier allerdings einige Tage Arrest bekommen habe, von seinem Hauptmann aber für die selbstbewußte Antwort entschädigt worden sei.

8.

Nachdem sich die preußischen Truppen in der Nacht nach ihrem Einzug in Frankfurt nothdürftig selbst einquartiert hatten, befanden sich am anderen Morgen nur noch starke Wachtdetachements im Bivouak an der Haupt- und Constablerwache. Kurz nach 9 Uhr wurde die Offizin der „Neuen Frankfurter Zeitung" besetzt und zwei der zurückgelassenen Redacteure, sowie ein Eigenthümer des Blattes in das Hauptquartier abgeführt. Dasselbe geschah auch dem Redacteur der Postzeitung.

Als Erstere nach stattgehabtem Verhör auf die Hauptwache geführt wurden, fanden sie dort die Senatoren Speltz und Bernus vor. Hatte die Verhaftung der Redacteure als Nicht-Frankfurter wenig oder gar keinen Eindruck auf die Bürgerschaft gemacht, so erregte die Gefangennahme der Herren Speltz und Bernus ihren Zorn, obgleich Beide früher in keinem besonderen Renommé bei ihr standen. Jetzt galten sie jedoch für Männer, die sich für die Bürgerschaft aufopferten. Der Zorn der Frankfurter beschränkte sich natürlich darauf, daß sie, wenn sie in ihren Weinstuben saßen und keinen Fremden, Meinungsverschiedenen in der Nähe glaubten, mit den Fäusten auf die Tische schlugen und „ein Gewitter 'nein schmeisse'" ließen und wünschten, „es möge zehn Fuß hoch Pulver regne' und Blitze 'neinfahre'" u. s. w.

Die nächsten Tage brachten die Forderung der 25 Millionen Gulden und gleich darauf den Tod des Bürgermeisters Fellner! Es war ein großes Geschrei um diesen Mann, der seinem Leben durch Selbstmord ein Ende gemacht hatte. Fragte man nach dem Grund zu dieser That, so war der Inbegriff aller Antworten der, die Preußen hätten ihn auf dem Gewissen, die Preußen hätten ihn gemordet. Auf was für eine Weise das geschehen sei, darüber differirten die Ansichten. Die Einen ließen sich dazu hinreißen, zu behaupten, ein preußischer Major habe ihn mit „Er" angeredet und zu ihm gesagt, er solle das Maul halten. Diese unwürdige Behandlung habe einen Bürgermeister Frankfurts zum Selbstmord treiben müssen. Vernünftigere erklärten, die preußischen Befehlshaber hätten ihm zugemuthet, eine Proscrip=

tionsliste aufzustellen. Plötzlich jedoch verstummte das Gerede und man vermied in Frankfurter Kreisen absichtlich von Fellner und seinem Tode zu reden. Dies schien mir so auffällig, daß ich nach dem Grunde dieses Umschlags Nachforschungen anstellte und Folgendes fand:

Nach Einmarsch der preußischen Truppen waren der Senat und die städtischen Körperschaften aufgelöst worden und als Regierungsbevollmächtigte die Senatoren Fellner und Müller ernannt. An diese war das Verlangen zur Zahlung einer Kriegscontribution von sechs Millionen Gulden gestellt worden. Fellner hatte diese Zahlung ohne Widerrede leisten lassen. Als jedoch eine weitere Forderung von 25 Millionen gestellt wurde, glaubte er dies ohne Zuziehung des gesetzgebenden Körpers nicht thun zu können. Dieser wurde daher auf sein Gesuchen wieder zusammengerufen und ihm das Verlangen mitgetheilt. Diese Körperschaft verwilligte nun jene 25 Millionen nicht nur **nicht**, sondern sie machte dem Bürgermeister Fellner auch Vorwürfe darüber, daß er ohne Weiteres jene 6 Millionen bezahlt habe, um welche er die Stadt gebracht und für welche er ihr Rechenschaft schuldig sei.

Am andern Tage hatte sich der Bürgermeister entleibt. — —

Die Abberufung des Generals von Falkenstein

fand statt, die Forderung der 25 Millionen aber wurde aufrecht erhalten. Das erstere Ereigniß hatte in den Augen der Frankfurter sehr viel zu bedeuten. Der General war zu streng mit Frankfurt verfahren und deßhalb zurückberufen worden; dann, als man erfuhr, daß er nach Böhmen gehen sollte, hatte bei Florisdorf eine furchtbare Schlacht stattgefunden, in der Prinz Friedrich Karl getödtet war und für diesen sollte nun Vogel von Falkenstein den Oberbefehl übernehmen.

Daß die Nachricht von dieser Schlacht nur gerüchtsweise in Frankfurt verlautete, war sehr natürlich — die Schlacht war ja zum Nachtheil der Preußen ausgefallen und jede Kunde hierüber wurde von den preußischen Gewalthabern unterdrückt.

General von Manteuffel übernahm das Com= mando; er gab es später an den General von Röder, jedoch Beide bestanden auf die Contribution.

Mittlerweile war man zu Executionsmaßregeln geschritten. Als Erste erwarteten die Frankfurter Plünderung und suchten deßhalb ihr baares Geld in Kellern und sonstigen Orten in Sicherheit zu bringen. Statt der Plünderung jedoch kam nur eine Zwangs= bequartierung der Mitglieder der städtischen Körper= schaften. Nachdem diese einige Tage gedauert, er= wartete man die zweite Executionsmaßregel.

Da entstand eines Morgens ein furchtbares Hin=

und Herrennen auf dem Markte. Frauen schlugen sich über Körben voll Eiern und Kartoffeln, sorgsame Hausväter schleiften halbe Ochsenviertel hinter sich her, Ausläufer keuchten unter der Last von Kaffee= säcken und Zuckerhüten, Juden vergaßen ihren reli= giösen Abscheu gegen das Schweinefleisch und liefen mit Würsten und Schinken behangen einher. Man war der zweiten Maßregel auf den Grund gekommen, sie sollte Cernirung der Stadt und Abschneidung von jedem Proviantzufuhr sein. Soviel mag man als sicher annehmen können, General von Röder hatte erklärt, er werde energisch einschreiten, wenn eine Vereinbarung mit Zahlung der Kriegscontribution nicht zu Stande komme.

Es scheint, daß sich die Frankfurter nun auf's Bitten und Unterhandeln gelegt hatten und es wurde ihnen endlich gewährt, eine Deputation nach Berlin zu schicken, bis zu deren Zurückkunft von weiteren Zwangsmaßregeln abgestanden werden sollte. Um diese Zeit schienen die Frankfurter nicht abgeneigt, die verlangten 25 Millionen zu zahlen, wenn man ihnen ihre Selbstständigkeit ließ. Sie begeisterten sich für Rothschild, nannten ihn ihren wahren König und erzählten von ihm, daß er einem preußischen Generale gegenüber, als dieser die Forderung der 25 Millionen Gulden stellte, geäußert habe:

„Haben Sie schon einmal 25 Millionen gesehen?"

Ja, diese 25 Millionen schmerzten sehr und der Refrain von allen Jeremiaden war, dieses Verlangen sei völkerrechtswidrig, sei empörend, Frankfurt sei eine friedliche Stadt und keine feindliche, keinen Mann seiner Truppen habe es mobil gemacht, dieselben hätten nicht einmal schwarz-roth-gelbe Binden getragen und dabei vergaßen die Frankfurter, wie erwähnt, ganz und gar die Placate an den Ecken, worin sie sich als solche bezeichneten, die fest an dem Rumpf des Bundestags halten würden und dadurch offenbare Gegner Preußens zu sein und zu bleiben gedachten.

Sehr unzufrieden waren sie auch mit dem Benehmen der preußischen Soldaten, sie hätten es gar so gern gehabt, daß dieselben sich Excesse erlaubt und dadurch Grund zu Beschwerden gegeben hätten. Da sie so den Soldaten Nichts anhaben konnten, suchten sie es auf die Officiere zu schieben und erklärten, das gute Benehmen der Soldaten sei ganz wider Willen der Officiere und diese suchten im Gegentheil die Mannschaft zu Brutalitäten zu reizen. Dabei durchkreuzten noch immer fabelhafte Gerüchte die Stadt. In München sei eine Revolution ausgebrochen, der König entthront und sein Großvater habe die Regierung übernommen.

Während der Gefechte in der Umgegend von Würzburg wurde ein verwundeter Officier in dem

Hotel de Russie untergebracht. Die Frankfurter
redeten sich ein, daß die Sache von preußischer Seite
mit großer Heimlichkeit betrieben werde und der
Verwundete sei Niemand anderes, als General
Manteuffel selber. In Wahrheit war es aber nur
der bremensische Oberst Nibur. —

Eines Tages, gegen Mittag, bog ich unweit der
Constablerwache auf die Zeil und fand die auf der=
selben befindlichen Menschen in der größten Aufregung.
Droschken jagten, Kinder, Weiber, Männer, alte
Herren mit Hängebäuchen liefen mit der größten
Anstrengung dem Roßmarkt zu. Es war ein Bild,
ähnlich dem der vortrefflichen Humoreske: Der
Löwe ist los. Nur die preußischen Soldaten standen
und lachten. Nachdem ich vergeblich von einigen
mit Todesschweiß bedeckten Frankfurtern den Grund
ihrer Eile zu wissen verlangt hatte, wandte ich mich
an einen Soldaten. Derselbe erzählte lachend, die
Frankfurter behaupteten, die Oesterreicher und Baiern
seien mit der Verbindungsbahn gekommen, und wollten
Frankfurt zurückerobern. Ich ging nach der Fahr=
gasse. Die Läden waren geschlossen, die Leute flüch=
teten sich in ihre Häuser, nur preußische Soldaten
standen truppweis lachend mitten auf der Straße.
Umsonst hatten diese den guten Bürgern von Frank=
furt begreiflich gemacht, daß die Vorposten der
preußischen Armee stundenweit entfernt ständen und

es beinahe eine Unmöglichkeit sei, daß sich auch nur eine kleine Anzahl feindlicher Soldaten bis in die Nähe der Stadt durchschleichen könne.

„Wir habbe die Uniforme gesehn! Se komme'! Se komme'!" war die Antwort.

Ich ging weiter nach der Sachsenhäuserbrücke. Die Frankfurter hatten ganz Recht gehabt, wenn sie behaupteten die Uniformen der Oesterreicher und Baiern gesehen zu haben — sie waren gekommen die Söhne Oesterreichs und Baierns und sogar in einem Extrazug, aber nicht als kampfgerüstete, Frankfurt erlösende Krieger — sondern als sich in ihr Schicksal fügende Gefangene. —

Je mehr man sich in Frankfurt mit dem Gedanken vertraut machen mußte, dem preußischen Staate einverleibt zu werden, je größerer Jammer erhob sich. Die Bürger heulten Weh um den Untergang der Stadt, wobei sie sich selbst das größte Armuthszeugniß ausstellten,

Daß der Untergang Frankfurts herbeigeführt würde, folgerten sie aus folgendem: Alle reichen, vornehmen Leute, (d. h. Börsenjuden, Lotteriejuden, und Südamerikanischen Sklavenhändler) werden die Stadt verlassen. — Frankfurt hat aber keine Industrie, Frankfurt hat keine Fabriken, Frankfurt ist kein Handelsplatz, Frankfurt ist nur groß geworden, weil Leute mit vielem Geld, die sich frei und leicht fühlen, die in einer freien Stadt leben und ungehindert von irgend einem Druck ihren eignen Lebenswandel führen wollten, sich in Frankfurt niedergelassen haben; ziehen diese weg, so wird Frankfurt zur Kleinstadt. Der Grund, weßhalb diese Leute die Stadt verlassen werden, wird es preußisch, sagten die Frankfurter, liegt darin, daß diesen freien Leuten das preußische Junkerregiment verhaßt ist; innerlich wußten sie aber recht gut, daß allerdings ein großer Theil dieser Personen sich entfernen würde, weil sie, wie die Frankfurter ganz richtig bemerkten, ihren eignen Lebenswandel zu führen gewohnt waren, d. h. so unmoralisch wie möglich zu leben, so viel wie möglich Börse zu jobbern, österreichische Anlehen aufzunehmen, Lotteriepromessengeschäfte zu machen und sonstigen Schacher zu treiben, was Alles unter preußischem Regiment aufhören würde. —

Als die Annexionsvorlage, in welcher auch Frankfurt einbegriffen war, dem Haus der Abgeordneten vorgelegt wurde, war ich von Frankfurt entfernt. Einige Tage darauf, sprach ich einen Herrn, einen Nicht=Frankfurter, welcher aber direct von dort kam.

"Was sagen die Frankfurter zur Annexion?" fragte ich ihn. "Sie glauben es nicht," lautete die Antwort.